The Last Snow: Bilingual German-English Christmas Stories for German Language Learners

Pomme Bilingual

Published by Pomme Bilingual, 2024.

While every precaution has been taken in the preparation of this book, the publisher assumes no responsibility for errors or omissions, or for damages resulting from the use of the information contained herein.

THE LAST SNOW: BILINGUAL GERMAN-ENGLISH CHRISTMAS STORIES FOR GERMAN LANGUAGE LEARNERS

First edition. December 3, 2024.

Copyright © 2024 Pomme Bilingual.

ISBN: 979-8230308096

Written by Pomme Bilingual.

Table of Contents

Ein Weihnachtsgeschenk für Frieda

In einem kleinen Dorf in Bayern lebte eine Frau namens Frieda. Frieda war Anfang sechzig, hatte graues, lockiges Haar und ein freundliches Lächeln, das sie stets bereitwillig mit ihren Nachbarn teilte. Obwohl sie nie geheiratet und keine Kinder hatte, war Frieda in ihrem Dorf sehr beliebt. Sie war die Art von Mensch, die immer ein offenes Ohr hatte und für jeden ein freundliches Wort fand.

Jedes Jahr verbrachte Frieda Weihnachten alleine. Das war keine traurige Sache für sie – im Gegenteil, sie liebte die Stille und die Ruhe dieser Zeit. Am Weihnachtsabend saß sie in ihrem kleinen Wohnzimmer, ein Becher heißer Kakao in der Hand, während draußen leise der Schnee fiel. Sie zog ihren dicken, gestrickten Schal noch etwas enger um die Schultern, lehnte sich zurück und genoss die weihnachtliche Stille.

Doch dieses Jahr war anders. Als Frieda gerade dabei war, ihre Lieblingstasse zu spülen und die Kerzen im Wohnzimmer anzuzünden, klopfte es plötzlich an der Tür. Ein wenig überrascht – schließlich erwartete sie niemanden – ging Frieda zur Tür und öffnete sie vorsichtig.

Dort stand Jonas, der junge Mann, der vor ein paar Monaten ins Nachbarhaus gezogen war. Jonas war vielleicht zwanzig Jahre alt, mit zerzausten Haaren und einem schelmischen Lächeln, das ansteckend war. In seinen Armen hielt er einen kleinen Karton, hübsch eingepackt mit grünem Papier und einer roten Schleife.

„Frohe Weihnachten, Frau Frieda," sagte Jonas fröhlich. „Ich wollte Ihnen etwas bringen, um Ihnen für all die Hilfe in den letzten Monaten zu danken."

Frieda war völlig überrascht und wusste nicht recht, was sie sagen sollte. „Oh, das ist aber nett, Jonas. Wirklich, das wäre doch nicht nötig gewesen," murmelte sie verlegen.

„Ach, es ist nur eine Kleinigkeit," erwiderte Jonas und drückte ihr das Geschenk in die Hand. „Darf ich kurz hereinkommen? Ich würde mich gerne ein wenig aufwärmen."

„Natürlich, komm doch rein," sagte Frieda und winkte ihm herein. Sie machte ihm einen Platz auf ihrem alten Sessel frei, während sie sich auf die Couch setzte und das Geschenk vorsichtig auspackte. Drinnen fand sie eine kleine, handgemachte Holzfigur – einen Engel mit einem liebevoll geschnitzten Gesicht und goldenen Flügeln.

„Der Engel sieht aus wie Sie," sagte Jonas schmunzelnd, als er Friedas erstaunten Blick bemerkte. „Er hat diese Wärme, die Sie auch ausstrahlen. Ich dachte, er passt gut zu Ihnen."

Frieda lächelte gerührt und betrachtete die Figur. „Das ist wirklich das schönste Geschenk, das ich je bekommen habe," flüsterte sie, während sie die Tränen unterdrückte. „Danke, Jonas."

In diesem Moment fühlte sich Frieda zum ersten Mal seit langer Zeit wirklich verbunden. Sie erinnerte sich an vergangene Weihnachten, an die Familie und die Freunde, die sie im Laufe der Jahre verloren hatte. Doch sie spürte auch eine tiefe

Dankbarkeit dafür, dass sie Menschen um sich hatte, die sie schätzten.

Sie reichte Jonas eine Tasse heißen Kakao und beide saßen gemeinsam in der stillen, friedlichen Weihnachtsnacht. Sie redeten über das Dorf, über Jonas' Pläne und über das Leben im Allgemeinen. Die Stunden vergingen wie im Flug, und als Jonas sich schließlich verabschiedete, spürte Frieda, dass etwas in ihrem Herzen warm geblieben war.

In den nächsten Tagen dachte Frieda immer wieder an diesen Abend zurück und lächelte. Manchmal braucht es nur einen kleinen Engel, dachte sie, um einem zu zeigen, dass man nie wirklich allein ist.

A Christmas Gift for Frieda

In a small village in Bavaria, there lived a woman named Frieda. Frieda was in her early sixties, with gray, curly hair and a friendly smile that she always shared willingly with her neighbors. Although she had never married and had no children, Frieda was very popular in her village. She was the type of person who always had a listening ear and found a kind word for everyone.

Every year, Frieda spent Christmas alone. This was not a sad thing for her—on the contrary, she loved the peace and quiet of this time. On Christmas Eve, she sat in her small living room, a cup of hot cocoa in her hand, while the snow fell softly outside. She pulled her thick, knitted scarf a little tighter around her shoulders, leaned back, and enjoyed the Christmas stillness.

But this year was different. As Frieda was washing her favorite cup and lighting the candles in the living room, there was suddenly a knock at the door. A little surprised—after all, she wasn't expecting anyone—Frieda went to the door and opened it carefully.

There stood Jonas, the young man who had moved into the house next door a few months ago. Jonas was perhaps twenty years old, with tousled hair and a mischievous smile that was contagious. In his arms, he held a small box, beautifully wrapped in green paper with a red ribbon.

"Merry Christmas, Mrs. Frieda," Jonas said cheerfully. "I wanted to bring you something to thank you for all the help you've given me over the last few months."

Frieda was completely surprised and didn't quite know what to say. "Oh, that's so kind, Jonas. Really, that wasn't necessary," she murmured, embarrassed.

"Oh, it's just a little something," Jonas replied, pressing the gift into her hands. "May I come in for a moment? I'd love to warm up a bit."

"Of course, come in," said Frieda, waving him in. She made a spot for him on her old armchair while she sat on the couch and carefully unwrapped the gift. Inside, she found a small, handmade wooden figure—a little angel with a lovingly carved face and golden wings.

"The angel looks like you," Jonas said with a smile, noticing Frieda's astonished look. "He has that warmth that you radiate. I thought he'd suit you well."

Frieda smiled, touched, and looked at the figure. "This is really the most beautiful gift I've ever received," she whispered, suppressing tears. "Thank you, Jonas."

At that moment, Frieda felt truly connected for the first time in a long time. She remembered past Christmases, the family and friends she had lost over the years. But she also felt a deep gratitude for the people around her who appreciated her.

She handed Jonas a cup of hot cocoa, and they sat together in the quiet, peaceful Christmas night. They talked about the village, about Jonas' plans, and about life in general. The hours passed quickly, and when Jonas finally said goodbye, Frieda felt that something in her heart had stayed warm.

In the days that followed, Frieda thought back to that evening often and smiled. Sometimes, all it takes is a little angel, she thought, to remind you that you're never truly alone.

Der letzte Schnee

Es war Heiligabend im Jahr 1949, und Berlin lag still unter einer Decke aus feinem, kaltem Schnee. Die Stadt war immer noch von den Narben des Krieges gezeichnet – Ruinen und leere Fensterhöhlen warfen lange Schatten auf die vereisten Straßen, als der Wind leise durch die verlassenen Plätze heulte.

Klaus Müller, ein Mann in den späten Fünfzigern, ging langsam die Straße entlang, sein alter Mantel bot nur wenig Schutz vor der Kälte. Früher, vor dem Krieg, war er ein gefeierter Pianist gewesen. Seine Finger hatten das Publikum verzaubert, seine Musik hatte Herzen berührt. Doch das alles fühlte sich nun wie ein Traum an, so fern und unerreichbar.

Sein Blick war gesenkt, die Schultern leicht gebeugt, als er die vertrauten Straßen entlangging. Weihnachten bedeutete ihm nicht mehr viel. Seine Familie war verloren – seine Frau und Tochter hatte er im Krieg verloren, und auch seine Leidenschaft zur Musik war mit ihnen gegangen. Der Winter war für ihn nur noch eine Erinnerung an Vergänglichkeit und den ständigen Verlust.

In einem schneebedeckten Park blieb Klaus stehen und sah hinüber zu einer Gruppe von Kindern, die lachend und spielend durch den Schnee rannten. Eine kleine, zierliche Gestalt fiel ihm dabei besonders ins Auge – ein Mädchen, vielleicht sieben oder acht Jahre alt, mit langen, blonden Haaren und einem Schal, der fast zu groß für sie wirkte. Sie erinnerte ihn schmerzlich an seine eigene Tochter, die er vor so vielen Jahren verloren hatte.

Das Mädchen bemerkte seinen Blick und lächelte ihn freundlich an. „Möchten Sie mit uns spielen, Herr?" fragte sie mit einem neugierigen Funkeln in den Augen.

Klaus blinzelte überrascht, dann lächelte er schwach. „Ach, ich bin wohl schon ein wenig zu alt für solche Spiele," antwortete er leise.

Das Mädchen kam näher und streckte ihm eine Handvoll Schnee entgegen. „Hier, Sie könnten wenigstens einen Schneeball werfen," sagte sie und lachte. Ihr Lachen war klar und frei, wie das Lachen, das er so lange nicht mehr gehört hatte.

Klaus zögerte, doch dann nahm er ein wenig Schnee in die Hand und formte einen kleinen Ball. Langsam hob er die Hand und warf den Schneeball in ihre Richtung, absichtlich viel zu leicht und zu hoch. Das Mädchen lachte wieder und duckte sich spielerisch. Ihr Lachen schien die eisige Kälte zu durchbrechen und etwas in ihm zu erwecken, das er längst vergessen hatte.

„Wie heißt du?" fragte er sanft.

„Greta," antwortete sie stolz. „Und Sie?"

„Ich heiße Klaus," sagte er, seine Stimme brüchig. Er schaute sie an, und in ihren leuchtenden Augen sah er für einen Moment die Hoffnung und das Leben, das ihm verloren gegangen war.

„Spielen Sie eigentlich Klavier?" fragte sie plötzlich, als hätte sie es irgendwie gewusst.

Klaus nickte, überrascht über ihre Frage. „Ja... ja, früher habe ich Klavier gespielt."

Greta sah ihn voller Bewunderung an. „Meine Mama sagt, dass Musik das Herz wärmt. Spielst du auch für deine Familie?"

Klaus spürte, wie sein Herz sich zusammenzog. „Nein, ich... ich habe keine Familie mehr."

Das Mädchen sah ihn traurig an, als ob sie etwas von seinem Schmerz verstand. „Aber heute ist Weihnachten," sagte sie leise. „Heute ist niemand wirklich allein."

Diese Worte trafen Klaus tief. Etwas in ihm, das lange erloschen war, begann leise zu glimmen. Vielleicht war er nicht so allein, wie er immer dachte. Vielleicht gab es noch Momente der Nähe, der Verbindung, selbst in einer Welt, die so viel verloren hatte.

Er sah Greta an und lächelte traurig. „Danke, Greta. Das ist ein schönes Geschenk."

„Frohe Weihnachten, Klaus," sagte sie sanft und lief zurück zu den anderen Kindern, ihre kleine Gestalt verschwand bald zwischen den tanzenden Schneeflocken.

Klaus blieb noch eine Weile im Park stehen, den letzten Schnee des Jahres unter seinen Füßen spürend. Zum ersten Mal seit Jahren fühlte er etwas Ähnliches wie Frieden – eine Erinnerung daran, dass auch die Kälte des Winters ein Ende hat und dass selbst die tiefsten Wunden vielleicht heilen können.

Langsam drehte er sich um und ging in die Nacht zurück, mit einem warmen Gedanken in seinem Herzen.

The Last Snow

It was Christmas Eve in 1949, and Berlin lay quietly under a blanket of fine, cold snow. The city was still scarred by the wounds of war—ruins and empty window frames cast long shadows across the frozen streets as the wind quietly howled through the deserted squares.

Klaus Müller, a man in his late fifties, walked slowly down the street, his old coat offering little protection against the cold. Once, before the war, he had been a celebrated pianist. His fingers had enchanted audiences, his music had touched hearts. But all of that now felt like a dream, so distant and unreachable.

His gaze was lowered, his shoulders slightly hunched, as he walked down the familiar streets. Christmas no longer meant much to him. His family was lost—he had lost his wife and daughter in the war, and his passion for music had gone with them. Winter had become nothing more than a reminder of transience and constant loss.

In a snow-covered park, Klaus stopped and looked over at a group of children laughing and playing in the snow. One small, delicate figure particularly caught his eye—a girl, maybe seven or eight years old, with long blonde hair and a scarf that seemed almost too big for her. She painfully reminded him of his own daughter, whom he had lost so many years ago.

The girl noticed his gaze and smiled at him warmly. "Would you like to play with us, sir?" she asked, with a curious sparkle in her eyes.

Klaus blinked in surprise, then smiled weakly. "Ah, I'm probably a little too old for games like that," he replied quietly.

The girl came closer and held out a handful of snow to him. "Here, you could at least throw a snowball," she said, laughing. Her laughter was clear and free, like laughter he hadn't heard in so long.

Klaus hesitated, but then took a bit of snow in his hand and formed a small ball. Slowly, he raised his hand and threw the snowball in her direction, deliberately throwing it too lightly and too high. The girl laughed again and ducked playfully. Her laughter seemed to break through the icy cold and awaken something in him that he had long forgotten.

"What's your name?" he asked gently.

"Greta," she answered proudly. "And you?"

"My name is Klaus," he said, his voice shaky. He looked at her, and for a moment, in her bright eyes, he saw the hope and life that he had lost.

"Do you play the piano?" she suddenly asked, as if she had somehow known.

Klaus nodded, surprised by her question. "Yes... yes, I used to play the piano."

Greta looked at him with admiration. "My mom says that music warms the heart. Do you play for your family?"

Klaus felt his heart tighten. "No, I... I don't have a family anymore."

The girl looked at him sadly, as if she understood something of his pain. "But today is Christmas," she said quietly. "Today, no one is really alone."

These words struck Klaus deeply. Something in him, long extinguished, began to flicker faintly. Perhaps he wasn't as alone as he had always thought. Perhaps there were still moments of closeness, of connection, even in a world that had lost so much.

He looked at Greta and smiled sadly. "Thank you, Greta. That's a beautiful gift."

"Merry Christmas, Klaus," she said gently and ran back to the other children, her small figure soon disappearing among the dancing snowflakes.

Klaus stood in the park for a while longer, feeling the last snow of the year under his feet. For the first time in years, he felt something like peace—a reminder that even the cold of winter has an end, and that even the deepest wounds may heal.

Slowly, he turned around and walked back into the night, with a warm thought in his heart.

Hannahs Weihnachten

Der Schnee fiel sanft auf das kleine Städtchen, und die Straßen lagen ruhig und verlassen unter einer feinen, weißen Decke. Es war noch früh am Morgen, und das sanfte Licht der Dämmerung hüllte die Welt in ein blasses, geheimnisvolles Grau. Hannah, eine schlanke Frau Mitte vierzig mit wachsamem Blick und einem Hauch von Melancholie, zog ihren Schal enger um sich und trat hinaus in die kühle, klare Luft.

Weihnachten. Der Tag, an dem Familien zusammenkamen, an dem Lachen und Freude die Häuser füllten. Doch Hannah war allein unterwegs, ihre Gedanken wirbelten leise wie die Schneeflocken, die sich auf ihren Mantel legten. Sie hatte die frühen Morgenstunden schon immer geliebt, die Einsamkeit, die Zeit, die ihr gehörte, um nachzudenken, zu malen, sich in ihren Gedanken zu verlieren.

Während sie durch die leeren Straßen schlenderte, ließ sie die Erinnerungen an frühere Weihnachten vor ihrem inneren Auge auftauchen. Sie erinnerte sich an ihre Kindheit, an den Duft von frisch gebackenen Plätzchen und das warme Leuchten der Kerzen im Wohnzimmer ihrer Eltern. Damals war Weihnachten ein Versprechen von Wärme und Geborgenheit gewesen.

Aber nun, Jahre später, schienen diese Erinnerungen wie Bilder aus einem fernen Leben, die immer mehr verblassten. Sie dachte an ihre Ehe, an all die unausgesprochenen Worte, die unerfüllten Träume, die Entscheidungen, die sie getroffen hatte – oder vielleicht besser gesagt, die Entscheidungen, die für sie getroffen worden waren. Sie liebte ihren Mann, und doch war da etwas in ihr, ein leiser Ruf nach Freiheit, nach dem Verlorengegangenen, das sie nie wirklich benennen konnte.

„Bin ich glücklich?" fragte sie sich und bemerkte, wie schwer diese Frage in der Stille der winterlichen Morgenluft lag.

Als sie weiterging, führte ihr Weg sie zu einem kleinen See am Rande der Stadt. Die Wasseroberfläche war von einer dünnen Schicht Eis bedeckt, und die Bäume rund um den See standen stumm und schneebedeckt, als ob auch sie den Atem anhielten. Hannah blieb stehen und starrte in das Eis, als ob sie dort Antworten finden könnte, die tief in ihrem Inneren verborgen lagen.

Plötzlich bemerkte sie eine andere Gestalt am Ufer des Sees. Ein Mann, vielleicht um die sechzig, stand dort mit einem leichten Lächeln im Gesicht und beobachtete die weiße, verschneite Landschaft. Er bemerkte Hannah und nickte ihr freundlich zu.

„Ein stiller Morgen, nicht wahr?" sagte er, und seine Stimme klang warm und sanft, wie eine vertraute Melodie.

Hannah nickte. „Ja, die Stille hat etwas Beruhigendes." Sie spürte, wie der Mann sie ansah, als ob er sie durchschaute, als ob er den Kummer in ihren Augen erkannte, den sie so sorgfältig verborgen hielt.

„Die Weihnachtstage... sie bringen oft alte Erinnerungen und manchmal auch Sehnsüchte ans Licht," sagte er leise, als ob er ihre Gedanken lesen könnte. „Ich habe das Gefühl, dass wir alle auf der Suche sind – nach dem, was wir verloren haben, nach dem, was noch vor uns liegt."

Seine Worte trafen Hannah tief. Sie spürte, wie sich etwas in ihr löste, eine leise, unbestimmte Last, die sie so lange getragen hatte. „Ja," flüsterte sie, fast zu sich selbst, „vielleicht suche ich nach etwas, das ich selbst nicht ganz verstehe."

Der Mann nickte verständnisvoll und schaute hinaus auf den gefrorenen See. „Manchmal bedeutet Freiheit nicht, alles hinter sich zu lassen, sondern in sich selbst die Freiheit zu finden, das Leben so zu akzeptieren, wie es ist. Zu verstehen, dass es Schönheit in den kleinsten Dingen gibt, auch in der Stille, auch im Alleinsein."

Hannah lächelte schwach, aber ihre Augen leuchteten. Diese Worte ließen sie tief in sich hineinspüren, brachten eine Erkenntnis, die einfach und doch kraftvoll war. Vielleicht musste sie nicht fliehen, um sich frei zu fühlen. Vielleicht war die Freiheit in ihr selbst, in der Fähigkeit, ihr eigenes Leben zu sehen, zu fühlen und zu lieben, trotz der Schatten, trotz der unausgesprochenen Sehnsüchte.

Als sie sich verabschiedeten, wusste sie, dass dieser Moment – dieses kurze Gespräch mit einem Fremden – sie verändert hatte. Es war, als hätte sie einen winzigen Funken gefunden, der ihr inneres Feuer wieder zum Glimmen brachte.

Hannah wandte sich wieder der Stadt zu, die ersten Sonnenstrahlen brachen durch die Wolken und ließen den Schnee auf den Dächern glitzern. Sie atmete tief ein, und eine warme, friedliche Ruhe erfüllte sie. Weihnachten, dachte sie, war vielleicht doch ein Neuanfang, ein stiller, leiser Neuanfang.

Mit einem sanften Lächeln ging sie zurück in die Stadt und spürte, dass sie in dieser Stille eine unerwartete Form der Liebe und Freiheit gefunden hatte.

Hannah's Christmas

The snow fell softly on the small town, and the streets lay quiet and deserted under a fine, white blanket. It was still early in the morning, and the gentle light of dawn wrapped the world in a pale, mysterious gray. Hannah, a slender woman in her mid-forties with a watchful gaze and a hint of melancholy, pulled her scarf tighter around her neck and stepped out into the cool, clear air.

Christmas. The day when families came together, when laughter and joy filled the houses. Yet, Hannah was alone, her thoughts swirling softly like the snowflakes settling on her coat. She had always loved the early hours of the morning, the solitude, the time that belonged only to her—to think, to paint, to lose herself in her thoughts.

As she strolled through the empty streets, memories of past Christmases surfaced in her mind. She remembered her childhood, the scent of freshly baked cookies, and the warm glow of candles in her parents' living room. Back then, Christmas had been a promise of warmth and security.

But now, years later, those memories seemed like images from a distant life, fading more and more. She thought of her marriage, of all the unspoken words, the unfulfilled dreams, the decisions she had made—or perhaps, better said, the decisions that had been made for her. She loved her husband, and yet something in her, a quiet call for freedom, for the lost things she could never truly name, lingered.

"Am I happy?" she asked herself, noticing how heavy that question felt in the stillness of the winter morning air.

As she continued, her path led her to a small lake on the edge of the town. The surface of the water was covered with a thin layer of ice, and the trees around the lake stood mute and snow-covered, as if even they were holding their breath. Hannah stopped and stared at the ice, as if there she could find answers that were deeply hidden within her.

Suddenly, she noticed another figure by the shore of the lake. A man, perhaps around sixty, stood there with a faint smile on his face, observing the white, snow-covered landscape. He noticed Hannah and nodded to her warmly.

"A quiet morning, isn't it?" he said, and his voice sounded warm and gentle, like a familiar melody.

Hannah nodded. "Yes, the silence has something calming about it." She felt the man's gaze upon her, as though he could see right through her, as if he recognized the sorrow in her eyes that she had so carefully concealed.

"The Christmas days... they often bring old memories, and sometimes desires, to the surface," he said softly, as if he could read her thoughts. "I have the feeling that we are all searching—for what we've lost, for what lies ahead."

His words struck Hannah deeply. She felt something inside her stir, a quiet, undefined weight she had carried for so long, begin to loosen. "Yes," she whispered, almost to herself, "maybe I'm searching for something I don't entirely understand."

The man nodded in understanding and looked out over the frozen lake. "Sometimes, freedom doesn't mean leaving everything behind, but finding the freedom within yourself to accept life as it is. To understand that there is beauty in the smallest things, even in silence, even in being alone."

Hannah smiled weakly, but her eyes lit up. These words made her feel deeply inside herself, bringing an insight that was simple yet powerful. Maybe she didn't need to escape to feel free. Perhaps freedom lay within herself, in the ability to see, feel, and love her own life, despite the shadows, despite the unspoken desires.

As they parted ways, she knew that this moment—this brief conversation with a stranger—had changed her. It was as if she had found a tiny spark that rekindled her inner fire.

Hannah turned back toward the town, the first rays of sunshine breaking through the clouds, causing the snow on the rooftops to glitter. She took a deep breath, and a warm, peaceful calm filled her. Christmas, she thought, might indeed be a new beginning, a quiet, gentle new beginning.

With a soft smile, she walked back into the town, feeling that in this silence, she had found an unexpected form of love and freedom.

Das Weihnachtskonzert

Die Lichter von München leuchteten festlich in der kalten Dezembernacht. Vor der großen Konzertkirche in der Altstadt drängten sich die Menschen, eingehüllt in dicke Mäntel und Schals, die Wangen von der Kälte gerötet. Heute Abend fand das traditionelle Weihnachtskonzert statt – ein Anlass, zu dem Menschen aus allen Ecken der Stadt und allen Lebenslagen zusammenkamen, um die Melodien der Festtage zu genießen.

In der zweiten Reihe, in eine dicke Jacke gehüllt und mit leicht geröteten Wangen, saß Lena, eine schüchterne Kunststudentin, die zum ersten Mal alleine ein Konzert besuchte. Ihre Hände ruhten nervös in ihrem Schoß, während sie sich umsah. Sie liebte Musik, doch der Gedanke, alleine hier zu sein, erfüllte sie mit einem leichten Unbehagen. Ihre Freunde waren alle bei ihren Familien, und sie hatte beschlossen, diese Zeit für sich selbst zu nutzen. Doch nun fühlte sie sich verloren in der Menge.

Einige Reihen hinter ihr saß Rami, ein Musiker aus Syrien, der vor wenigen Jahren nach München gekommen war. Seine Geige war sein Ein und Alles, sein Mittel, sich auszudrücken in einer Welt, die ihm manchmal fremd und unerreichbar schien. Die deutsche Sprache beherrschte er nur stockend, doch die Musik brauchte keine Worte. Als er den Saal betrat und die Musiker sich auf der Bühne vorbereiteten, spürte er eine vertraute Wärme, die ihn an die Konzerte in seiner Heimatstadt Aleppo erinnerte.

Am Rand einer der mittleren Reihen saß Professor Berger, ein älterer Herr mit ergrauten Haaren und scharfen Augen. Früher hatte er an der Universität München Geschichte gelehrt, war bekannt für seine präzisen und manchmal strengen Vorlesungen. Nun, im Ruhestand, verbrachte er seine Abende meist alleine. Doch zu Weihnachten kam er jedes Jahr hierher, um die Gemeinschaft und die Musik zu spüren, die Erinnerungen an eine vergangene Zeit, als er noch eine Familie um sich hatte und das Leben lebendig und voller Versprechen war.

Das Licht im Saal wurde gedämpft, und ein leises Murmeln erfüllte den Raum, als die Musiker auf ihren Plätzen bereitstanden. Die ersten Töne erklangen – sanft und doch klar, wie ein flüsterndes Versprechen in der winterlichen Dunkelheit. Lena schloss die Augen und ließ sich von der Melodie tragen, die sie in eine andere Welt führte. Sie spürte, wie die Musik etwas in ihr berührte, einen stillen Teil ihres Wesens, der oft von ihren alltäglichen Sorgen überdeckt war.

Rami saß still und lauschte den Tönen des Orchesters, seine Finger bewegten sich unbewusst, als ob er selbst spielen würde. Die Musik brachte Erinnerungen an seine Kindheit zurück, an seine Familie und an die lauen Nächte, in denen er in den Gassen von Aleppo gespielt hatte. Für einen Moment verschwanden die Schmerzen und Entbehrungen der letzten Jahre, und er fühlte sich wieder verbunden mit seiner Heimat, auch wenn sie so weit entfernt schien.

Professor Berger beobachtete die Menschen um sich, sah die unterschiedlichen Gesichter, die in die Musik versunken waren. Er dachte an seine Frau, die vor einigen Jahren verstorben war, und an die Zeiten, in denen sie zusammen solche Konzerte besucht hatten. Er spürte eine leise Traurigkeit, aber auch Dankbarkeit – für die Erinnerungen, die sie geteilt hatten, und für die Gemeinschaft, die diese Musik heute ermöglichte.

In einer kurzen Pause zwischen den Stücken stand Rami auf und suchte nach einem Platz weiter vorn, wo er die Musiker besser sehen konnte. Er entdeckte einen freien Platz neben Lena und fragte sie vorsichtig, ob er sich setzen dürfe. Sie nickte schüchtern und lächelte ihm freundlich zu. Sie versuchte, den Fremden mit der Geige nicht zu neugierig anzusehen, doch etwas in seiner Präsenz beruhigte sie.

Als das Orchester das nächste Stück begann, spielte ein Geiger ein Solo – die Melodie war sanft und traurig, sie erinnerte an vergangene Zeiten, an Erinnerungen, die in den Herzen der Zuhörer wieder lebendig wurden. Rami sah gebannt zu und fühlte sich von der Melodie durchdrungen. Er warf einen Seitenblick zu Lena, die mit geschlossenen Augen lauschte, und fühlte, dass sie die Musik auf die gleiche Weise spürte wie er.

Am Ende des Stücks, als der Applaus langsam verebbte, drehte sich Professor Berger um und bemerkte die junge Frau und den Mann mit der Geige hinter ihm. „Wunderschön, nicht wahr?" sagte er leise, und seine Stimme klang warm und sanft.

Rami nickte und antwortete mit leichtem Akzent: „Die Musik... sie verbindet uns alle, egal woher wir kommen." Lena, überrascht von der tiefen Stimme ihres Sitznachbarn, sah ihn an und lächelte. Sie spürte plötzlich eine Verbundenheit, als ob sie sich alle drei durch die Musik nähergekommen wären.

Die drei sprachen noch kurz, tauschten flüchtige Geschichten aus, und als das Konzert endete, verabschiedeten sie sich voneinander. Doch etwas hatte sich verändert – sie waren als Fremde gekommen, aber sie gingen mit einer leisen, tiefen Verbundenheit nach Hause, ein Gefühl der Gemeinschaft, das sich in der Musik und in den geteilten Blicken widergespiegelt hatte.

Und während Lena die kalte Winterluft einatmete, Rami seine Geige enger an sich drückte und Professor Berger in Gedanken an das Konzert lächelte, wussten sie alle, dass sie an diesem Abend nicht mehr ganz alleine waren. Die Musik hatte sie zusammengebracht, ihre Geschichten verwoben und ihnen einen Moment des Friedens geschenkt.

The Christmas Concert

The lights of Munich glowed festively in the cold December night. Outside the grand concert hall in the old town, people were gathering, wrapped in thick coats and scarves, their cheeks reddened by the cold. This evening was the traditional Christmas concert—an occasion when people from all corners of the city and all walks of life came together to enjoy the melodies of the holiday season.

In the second row, wrapped in a thick jacket and with slightly flushed cheeks, sat Lena, a shy art student attending her first concert alone. Her hands rested nervously in her lap as she glanced around. She loved music, but the thought of being here alone made her uneasy. Her friends were all with their families, and she had decided to spend this time for herself. But now, she felt lost in the crowd.

A few rows behind her sat Rami, a musician from Syria who had arrived in Munich a few years ago. His violin was his everything, his means of expressing himself in a world that sometimes felt foreign and unreachable. He spoke German only haltingly, but music needed no words. As he entered the hall and the musicians prepared on stage, he felt a familiar warmth, reminding him of the concerts back in his hometown of Aleppo.

At the edge of one of the middle rows sat Professor Berger, an older man with graying hair and sharp eyes. He had once taught history at the University of Munich, known for his precise and sometimes strict lectures. Now retired, he spent most of his evenings alone. But every year, he came here for Christmas to feel the sense of community and the music, which brought memories of a time when he still had a family around him, and life had been alive with promise.

The lights in the hall dimmed, and a soft murmur filled the space as the musicians took their places. The first notes sounded—gentle yet clear, like a whispering promise in the winter darkness. Lena closed her eyes and let the melody carry her, transporting her to another world. She felt the music touch something deep within her, a quiet part of her soul that was often covered by the worries of everyday life.

Rami sat still, listening to the sounds of the orchestra, his fingers moving unconsciously as if he were playing himself. The music brought memories of his childhood back to him, of his family, and the warm nights he spent playing in the streets of Aleppo. For a moment, the pains and hardships of the past years faded away, and he felt connected to his homeland, even though it seemed so far away.

Professor Berger observed the people around him, seeing the different faces lost in the music. He thought of his wife, who had passed away a few years ago, and the times when they had attended such concerts together. He felt a quiet sadness, but also gratitude—for the memories they had shared, and for the community that this music still provided.

During a short break between the pieces, Rami stood up and moved toward the front to find a better view of the musicians.

He found an empty seat next to Lena and asked her shyly if he could sit there. She nodded awkwardly and smiled at him. She tried not to stare too curiously at the stranger with the violin, but something in his presence calmed her.

As the orchestra began the next piece, a violinist played a solo—the melody was soft and sad, reminiscent of times past, of memories that were rekindled in the hearts of the listeners. Rami watched intently, feeling the melody penetrate him. He glanced sideways at Lena, who was listening with her eyes closed, and sensed that she was feeling the music in the same way he was.

At the end of the piece, as the applause slowly faded, Professor Berger turned around and noticed the young woman and the man with the violin behind him. "Beautiful, isn't it?" he said softly, his voice warm and gentle.

Rami nodded and replied with a slight accent: "The music... it connects us all, no matter where we come from." Lena, surprised by the deep voice of her seatmate, looked at him and smiled. She suddenly felt a connection, as if all three of them had come closer through the music.

The three spoke briefly, exchanging fleeting stories, and when the concert ended, they bid each other farewell. But something had changed—they had come as strangers, but they left with a quiet, deep bond, a feeling of community that had been reflected in the music and in the shared glances.

And as Lena breathed in the cold winter air, Rami held his violin tighter, and Professor Berger smiled in his thoughts about the concert, they all knew that they were no longer quite so alone.

The music had brought them together, woven their stories, and given them a moment of peace.

Paul und das verlorene Weihnachtsgeschenk

Es war nur noch eine Woche bis Weihnachten, und der Schwarzwald lag unter einer dicken, stillen Schneedecke. Paul, der Postbote des kleinen Dorfes, stapfte durch den Schnee, seinen dicken Mantel fest um sich geschlungen. Er kannte jedes Haus, jede Familie und die Geschichten, die die Menschen verbanden. Jeden Morgen lud er die Post in sein kleines Postauto und machte sich auf den Weg durch die verschneiten Straßen.

Doch an diesem Morgen, als er im kleinen Postamt die Pakete und Briefe sortierte, fiel ihm ein kleines, in braunes Papier gewickeltes Paket auf. Es war unbeschriftet, nur ein zartes grünes Band schmückte das Paket, und es wirkte fast so, als hätte es nur darauf gewartet, von ihm entdeckt zu werden.

Paul runzelte die Stirn. Pakete ohne Adresse waren selten, vor allem kurz vor Weihnachten. Er betrachtete das Paket nachdenklich. Wer hatte es wohl abgeschickt? Und für wen war es bestimmt?

Neugier erfüllte ihn, und so beschloss er, herauszufinden, wohin das Paket gehörte. Er konnte es einfach nicht übers Herz bringen, es unbeachtet liegen zu lassen.

Am nächsten Tag begann Paul seine Suche. Er fragte die Dorfbewohner, ob jemand ein Päckchen vermisse, doch niemand konnte ihm weiterhelfen. Einige Leute schmunzelten und sagten ihm, er solle das Paket einfach öffnen. Doch Paul schüttelte nur den Kopf. Es war Weihnachten, und ein Geschenk durfte nicht einfach ohne Grund geöffnet werden – es musste zu seinem rechtmäßigen Empfänger finden.

Nach einigen Tagen und mehreren Hinweisen von den Dorfbewohnern führte ihn seine Suche schließlich in ein kleines, abgelegenes Dorf tief im Schwarzwald. Es war ein verschneites, stilles Dorf, das fast wie ein Bild aus einem alten Märchen wirkte. Die Menschen dort lebten zurückgezogen, fernab des hektischen Treibens der größeren Städte.

Paul klopfte an eine kleine Tür eines alten, liebevoll gepflegten Hauses. Eine Frau öffnete die Tür, und neben ihr stand ein kleines Mädchen, das ihn neugierig anblickte. „Guten Tag," begann Paul freundlich, „ich bin der Postbote aus dem Nachbardorf und habe ein Paket ohne Adresse gefunden. Wissen Sie vielleicht, für wen es sein könnte?"

Die Frau sah das Paket an und holte tief Luft. „Das ist für meine Tochter Anna", sagte sie leise. „Es ist von ihrem Großvater, der vor kurzem verstorben ist. Er hatte es für sie vorbereitet, bevor er von uns ging."

Das kleine Mädchen, Anna, sah das Paket mit großen Augen an. Paul überreichte es ihr sanft, und sie nahm es mit einer Mischung aus Freude und Traurigkeit entgegen. Sie wusste, dass der Großvater sie immer mit kleinen Geschenken überrascht hatte – nun war dies das letzte Geschenk von ihm.

„Danke, dass Sie es hergebracht haben", sagte die Frau zu Paul, und Tränen glitzerten in ihren Augen. „Es bedeutet uns sehr viel."

Paul nickte, und ein warmes Gefühl erfüllte ihn. Er verabschiedete sich und machte sich auf den Heimweg, doch die Begegnung mit Anna und ihrer Mutter blieb ihm im Gedächtnis.

Auf dem Rückweg dachte er über das Geschenk und die Freude nach, die es trotz des Schmerzes bringen konnte. In der kalten Winternacht, als die Sterne am Himmel funkelten, erkannte er, dass dieses kleine Paket mehr als nur ein Geschenk war. Es war ein Zeichen der Liebe und ein Abschied, eine Erinnerung daran, dass Weihnachten die Zeit ist, in der wir uns verbinden und unsere Herzen füreinander öffnen.

Paul kehrte nach Hause zurück, erfüllt von einer tiefen Zufriedenheit. Er wusste, dass er etwas Besonderes getan hatte – nicht nur ein Paket zugestellt, sondern ein kleines Stück Weihnachtszauber bewahrt.

Paul and the Lost Christmas Gift

It was only a week until Christmas, and the Black Forest lay beneath a thick, silent blanket of snow. Paul, the postman of the small village, trudged through the snow, his heavy coat wrapped tightly around him. He knew every house, every family, and the stories that connected the people. Every morning, he loaded the mail into his little postal car and set off along the snowy streets.

But on this morning, as he sorted the packages and letters at the small post office, a little package wrapped in brown paper caught his eye. It was unmarked, only a delicate green ribbon decorated the package, and it seemed almost as if it had been waiting to be discovered by him.

Paul furrowed his brow. Packages without an address were rare, especially just before Christmas. He studied the package thoughtfully. Who could have sent it? And for whom was it meant?

Curiosity filled him, and he decided to find out where the package belonged. He just couldn't bring himself to leave it unnoticed.

The next day, Paul began his search. He asked the villagers if anyone was missing a package, but no one could help him. Some people smiled and told him he should just open the package. But

Paul shook his head. It was Christmas, and a gift should not be opened without a reason – it had to reach its rightful recipient.

After several days and numerous clues from the villagers, his search finally led him to a small, remote village deep in the Black Forest. It was a snowy, quiet village that seemed almost like a picture from an old fairy tale. The people there lived reclusively, far from the hustle and bustle of the larger cities.

Paul knocked on the small door of an old, lovingly cared-for house. A woman opened the door, and beside her stood a little girl, looking at him curiously. "Good day," Paul began kindly. "I'm the postman from the neighboring village, and I found a package without an address. Do you happen to know who it might be for?"

The woman looked at the package and took a deep breath. "It's for my daughter, Anna," she said softly. "It's from her grandfather, who passed away recently. He had prepared it for her before he left us."

The little girl, Anna, looked at the package with wide eyes. Paul handed it to her gently, and she accepted it with a mix of joy and sadness. She knew that her grandfather had always surprised her with little gifts – now this was his last gift to her.

"Thank you for bringing it," said the woman to Paul, tears sparkling in her eyes. "It means a lot to us."

Paul nodded, and a warm feeling filled him. He said his goodbyes and set off for home, but the encounter with Anna and her mother stayed in his mind.

On the way back, he thought about the gift and the joy it could bring despite the pain. On the cold winter night, as the stars twinkled in the sky, he realized that this small package was more than just a gift. It was a symbol of love and farewell, a reminder that Christmas is the time when we connect and open our hearts to one another.

Paul returned home, filled with a deep sense of contentment. He knew he had done something special – not just delivered a package, but preserved a small piece of Christmas magic.

Der alte Weihnachtsbaum

Der Schnee fiel leise über das kleine Haus, in dem Max und Elfriede seit Jahrzehnten lebten. Drinnen war es still, abgesehen von dem sanften Rascheln von Kartons und Kisten, die in der Ecke des Wohnzimmers gestapelt waren. Der Umzug stand kurz bevor, und Max und Elfriede packten ihre Dinge, um sich auf das neue Leben im Altenheim vorzubereiten.

Inmitten der Umzugskartons stand ein alter, etwas zerzauster Weihnachtsbaum, den sie gemeinsam aufgestellt hatten. Die Zweige waren ausgeblichen, und die Nadeln aus Plastik wirkten inzwischen spröde. Die alten Kugeln und Lichterketten hatten längst ihren Glanz verloren. Doch für Max und Elfriede war dieser Baum mehr als nur Dekoration – er war eine Erinnerung an all die gemeinsamen Jahre, die hinter ihnen lagen.

Elfriede setzte sich auf den alten, bequemen Sessel und betrachtete den Baum mit einem wehmütigen Lächeln. „Weißt du noch, Max? Unser erster Weihnachtsbaum?", fragte sie und blickte zu ihrem Mann hinüber, der den Baum mit vorsichtigen Händen schmückte.

Max nickte und lächelte. „Ja, ich erinnere mich. Wir hatten kaum Geld, aber du bestandest darauf, einen echten Baum zu holen. Du wolltest den Duft von Tannennadeln im Wohnzimmer haben, auch wenn das hieß, auf andere Dinge zu verzichten."

Die Erinnerung führte sie zurück in die Zeit, als sie noch jung und voller Pläne waren. Sie sahen das kleine, karge Zimmer vor sich, das sie damals ihre Wohnung nannten. Der erste Weihnachtsbaum war winzig gewesen, doch sie hatten ihn mit kleinen selbstgemachten Strohsternen und Papierketten geschmückt. Es war vielleicht der schlichteste Baum, den sie je gehabt hatten, doch keiner war ihnen je so kostbar gewesen.

„Damals habe ich dir das kleine Silberglöckchen geschenkt", murmelte Max und hielt es jetzt in der Hand, während er es behutsam an einen der oberen Äste hängte. Das Glöckchen war inzwischen angelaufen und hatte seinen Glanz verloren, doch es klingelte immer noch zart, wenn man es berührte. „Du hast es an jeden Baum gehängt, Jahr für Jahr."

Elfriede lächelte und sah ihm zu, wie er das Glöckchen anbrachte. „Es war ein einfaches Geschenk, aber für mich hatte es immer eine besondere Bedeutung. Es war das erste Zeichen, dass wir beide, trotz aller Herausforderungen, immer zusammen sein würden."

Die Jahre vergingen in ihren Erinnerungen wie eine sanfte Abfolge von Bildern, die an ihnen vorbeizogen. Der Baum wurde im Laufe der Zeit immer größer, die Dekoration üppiger. Mit den Kindern kamen selbstgebastelte Kugeln und kleine Engel hinzu. Die Erinnerungen waren voller Freude und Lachen, aber auch voller Momente des Abschieds, des Loslassens, als die Kinder schließlich ihre eigenen Familien gründeten.

„Weißt du noch, als wir das Jahr ohne Baum hatten?" fragte Max und sah Elfriede an. Sie nickte. Es war das Jahr, in dem Max krank gewesen war, und sie hatten beide das Gefühl gehabt, dass die Zeit ihnen entglitt. Doch auch in diesem Jahr hatten sie, wenn auch ohne Baum, zusammen Weihnachten gefeiert, Hand in Hand, still und dankbar für jeden gemeinsamen Tag.

„Ich glaube, der Baum war für uns immer ein Stück Zuhause", sagte Elfriede leise und streckte die Hand aus, um Max' Hand zu halten. „Und jetzt... nehmen wir all diese Erinnerungen mit, wohin wir auch gehen."

Max drückte ihre Hand und betrachtete den alten Baum mit einem Lächeln voller Zärtlichkeit. „Vielleicht brauchen wir nicht viel. Die Erinnerungen und die Liebe, die wir teilen, sind genug."

Sie saßen nebeneinander, Hand in Hand, und sahen den alten Weihnachtsbaum an, der in der Ecke des Zimmers leise vor sich hin glitzerte. Das letzte Weihnachtsfest in ihrem geliebten Zuhause würde bald kommen und gehen, aber die Erinnerungen, die sie miteinander teilten, würden für immer bleiben.

The Old Christmas Tree

The snow fell softly over the little house where Max and Elfriede had lived for decades. Inside, it was quiet, except for the gentle rustling of boxes and crates stacked in the corner of the living room. The move was imminent, and Max and Elfriede were packing their things to prepare for their new life in the retirement home.

Amidst the moving boxes stood an old, somewhat disheveled Christmas tree that they had set up together. The branches had faded, and the plastic needles had become brittle over time. The old ornaments and string of lights had long since lost their sparkle. But for Max and Elfriede, this tree was more than just decoration—it was a memory of all the years they had shared together.

Elfriede sat down in the old, comfortable armchair and looked at the tree with a wistful smile. "Do you remember, Max? Our first Christmas tree?" she asked, glancing over at her husband, who was carefully decorating the tree.

Max nodded and smiled. "Yes, I remember. We had hardly any money, but you insisted on getting a real tree. You wanted the scent of pine needles in the living room, even if it meant going without other things."

The memory took them back to the time when they were young and full of plans. They recalled the small, bare room they had called their apartment. The first Christmas tree had been tiny, but they had decorated it with little homemade straw stars and paper chains. It was perhaps the simplest tree they had ever had, but none had ever been as precious to them.

"I gave you that little silver bell back then," murmured Max, holding it now in his hand as he gently hung it on one of the upper branches. The bell had tarnished over the years and lost its shine, but it still rang softly when touched. "You hung it on every tree, year after year."

Elfriede smiled and watched as he placed the bell on the tree. "It was a simple gift, but for me, it always had special meaning. It was the first sign that we, despite all the challenges, would always be together."

The years passed in their memories like a gentle succession of images, each one flowing past them. Over time, the tree grew larger, the decorations more elaborate. With the children came handmade ornaments and little angels. The memories were filled with joy and laughter, but also with moments of farewells and letting go as the children eventually started their own families.

"Do you remember the year we had no tree?" Max asked, looking at Elfriede. She nodded. It was the year when Max had been ill, and they both felt as though time was slipping away. But even that year, despite the absence of a tree, they had still celebrated Christmas together, hand in hand, quietly and gratefully for each day they had shared.

"I think the tree was always a piece of home for us," Elfriede said softly, reaching out her hand to hold Max's. "And now... we take all these memories with us, wherever we go."

Max squeezed her hand and looked at the old tree with a smile full of tenderness. "Maybe we don't need much. The memories and the love we share are enough."

They sat together, hand in hand, gazing at the old Christmas tree, which quietly sparkled in the corner of the room. Their last Christmas in their beloved home would soon come and go, but the memories they shared would stay forever.

Die Weihnachtskarte

In einer kalten Berliner Winternacht saß Leni in ihrer kleinen, gemütlichen Wohnung und blätterte durch alte Fotos und Briefe. Sie hatte nie viel Wert auf die Vergangenheit gelegt, aber in den letzten Monaten hatte sie sich immer wieder dabei ertappt, an die Familie zu denken, die sie längst hinter sich gelassen hatte.

Während sie eine vergilbte Schachtel durchstöberte, fiel ihr ein kleiner, abgenutzter Umschlag in die Hände. Die Tinte auf der Vorderseite war verblasst, doch der Absender war deutlich lesbar: „Für meine Tochter Leni. Frohe Weihnachten."

Leni stockte der Atem. Es war eine Weihnachtskarte von ihrem Vater, die irgendwann vor vielen Jahren geschickt worden war. Die Karte fühlte sich wie ein Fremdkörper in ihrer Hand an, als gehörte sie nicht wirklich in ihr Leben. Ihr Vater war seit ihrer Kindheit nicht mehr Teil ihres Lebens gewesen; er hatte sie und ihre Mutter damals verlassen. Jahrelang hatte sie versucht, ihn zu vergessen, ihn als einen Menschen zu betrachten, der nicht wirklich existierte.

Neugierig öffnete sie die Karte. Die Zeilen darin waren knapp und einfach, fast schüchtern formuliert:

„Liebe Leni,

ich hoffe, du hast ein schönes Weihnachtsfest. Ich denke oft an dich und frage mich, wie es dir geht. Vielleicht möchtest du mir irgendwann schreiben.

Dein Vater."

Die Worte waren alt, doch sie brannten wie frische Wunden. Leni legte die Karte beiseite und starrte ins Leere. Warum hatte sie diese Karte nie früher gesehen? Hatte ihre Mutter sie absichtlich versteckt? Oder war sie einfach verloren gegangen, in den Tiefen all der Dinge, die man nie wieder ansieht?

Die nächsten Tage verbrachte Leni damit, die Karte immer wieder zu lesen und über den Mann nachzudenken, den sie nur aus verschwommenen Kindheitserinnerungen kannte. Schließlich beschloss sie, ihn zu suchen. Vielleicht würde sie endlich Antworten finden – oder wenigstens die Möglichkeit, das Schweigen zwischen ihnen zu brechen.

Nach einigen Recherchen fand sie heraus, dass ihr Vater, Jörg, immer noch in Berlin lebte, nur einige Straßen von ihrer alten Schule entfernt. Das Wissen, dass er all die Jahre so nah gewesen war, löste eine Mischung aus Ärger und Traurigkeit in ihr aus. Hatte er sie tatsächlich nie gesucht?

Sie fasste sich ein Herz und ging an einem trüben Dezembertag zu der Adresse, die sie herausgefunden hatte. Das Haus, ein altes Mietshaus im Stadtteil Moabit, wirkte heruntergekommen, fast verlassen. Sie zögerte einen Moment, bevor sie schließlich an der Tür klingelte.

Nach einigen Sekunden öffnete sich die Tür, und vor ihr stand ein älterer Mann mit grauem Haar und müden Augen. Er wirkte überrascht, als er Leni erkannte – als hätte er sie sofort wiedererkannt, trotz der Jahre, die vergangen waren.

„Leni?" Seine Stimme zitterte leicht, und sie sah, wie er mit sich kämpfte, die Fassung zu bewahren.

„Ja, ich bin es", antwortete sie leise. Die Worte fielen ihr schwer, wie eine Last, die sie all die Jahre mit sich getragen hatte. Sie zog die alte Weihnachtskarte aus ihrer Tasche und hielt sie ihm hin. „Ich habe diese Karte gefunden... vor ein paar Tagen. Ich wollte wissen, warum du sie nie wieder geschickt hast."

Jörg nahm die Karte mit zitternden Händen. Er schloss die Augen, und für einen Moment schien er sich in der Vergangenheit zu verlieren. „Ich... wusste nicht, ob du je von mir hören wolltest. Nach all dem, was damals passiert ist, dachte ich... ich dachte, es wäre besser, dich nicht zu stören."

Leni sah ihn an und erkannte die Reue in seinen Augen. All die Jahre hatte sie ihn verachtet, sich gesagt, dass er sie nicht liebte, dass er sie einfach im Stich gelassen hatte. Doch nun, in diesem Moment, sah sie die Geschichte eines Mannes, der Fehler gemacht hatte, aber immer gehofft hatte, dass er eine zweite Chance bekommen würde.

„Warum hast du dich nie gemeldet?" fragte sie schließlich. Die Frage brannte ihr auf der Seele, und sie wollte endlich die Wahrheit hören.

Er senkte den Blick und holte tief Luft. „Deine Mutter... sie wollte nicht, dass ich Kontakt zu dir habe. Sie war verletzt und wütend, und ich kann es ihr nicht verdenken. Ich habe viele Fehler gemacht, und ich wusste nicht, wie ich sie wieder gutmachen sollte. Also blieb ich fern."

Die Worte trafen Leni tief. Ihr ganzes Leben hatte sie die Geschichte nur aus einer Perspektive gesehen, die ihres eigenen Schmerzes und ihrer Enttäuschung. Doch jetzt begann sie zu begreifen, dass die Dinge komplizierter waren, als sie gedacht hatte.

„Es ist so viel Zeit vergangen," sagte sie schließlich. „Aber vielleicht... ist es nicht zu spät."

Jörg nickte langsam, und in seinen Augen blitzte ein Funken Hoffnung auf. „Vielleicht ist es nie zu spät."

Sie gingen zusammen in ein kleines Café um die Ecke und begannen, ein Gespräch, das so lange aufgeschoben worden war, endlich zu führen. Es war kein einfaches Gespräch, und es gab viele unausgesprochene Dinge, die sie beide erst nach und nach preisgeben konnten. Doch mit jedem Wort, das sie austauschten, schien ein kleines Stück der Kluft zwischen ihnen zu verschwinden.

Und als sie schließlich das Café verließen, wusste Leni, dass sie eine Entscheidung getroffen hatte. Die Vergangenheit konnte sie nicht ändern, doch vielleicht, nur vielleicht, konnte sie die Zukunft gestalten. Die alte Weihnachtskarte steckte sie wieder in ihre Tasche – nicht mehr als ein Symbol der verlorenen Zeit, sondern als Erinnerung an den Wert der Vergebung und die Möglichkeit eines Neuanfangs.

53

The Christmas Card

On a cold winter night in Berlin, Leni sat in her small, cozy apartment, flipping through old photos and letters. She had never given much thought to the past, but in recent months, she had found herself repeatedly thinking about the family she had long left behind.

As she rummaged through an old box, a small, worn envelope fell into her hands. The ink on the front had faded, but the sender was clearly legible: "For my daughter Leni. Merry Christmas."

Leni caught her breath. It was a Christmas card from her father, sent many years ago. The card felt like an outsider in her hand, as though it didn't truly belong in her life. Her father had been absent since her childhood; he had left her and her mother back then. For years, she had tried to forget him, to think of him as a person who no longer existed.

Curiously, she opened the card. The words inside were brief and simple, almost shy in their phrasing:

"Dear Leni,

I hope you have a lovely Christmas. I think of you often and wonder how you're doing. Perhaps one day you'll write to me.

Your father."

The words were old, but they burned like fresh wounds. Leni put the card aside and stared into space. Why had she never seen this card before? Had her mother hidden it on purpose? Or had it simply been lost, buried among things that were never looked at again?

In the following days, Leni read the card over and over, thinking about the man she knew only from blurred childhood memories. Finally, she decided to look for him. Maybe she would finally find answers—or at least the chance to break the silence between them.

After some research, she discovered that her father, Jörg, still lived in Berlin, just a few streets away from her old school. The knowledge that he had been so close all these years stirred a mix of anger and sadness in her. Had he truly never looked for her?

Summoning her courage, she went to the address she had found on a dreary December day. The building, an old apartment block in the Moabit district, looked run-down, almost abandoned. She hesitated for a moment before finally ringing the bell.

After a few seconds, the door opened, and an older man with gray hair and weary eyes stood before her. He looked surprised as he recognized Leni—as if he had immediately remembered her, despite the years that had passed.

"Leni?" His voice trembled slightly, and she saw him struggle to maintain his composure.

"Yes, it's me," she answered softly. The words felt heavy, like a burden she had carried for all these years. She took the old

Christmas card out of her pocket and handed it to him. "I found this card... a few days ago. I wanted to know why you never sent it again."

Jörg took the card with trembling hands. He closed his eyes, and for a moment, it seemed like he was lost in the past. "I... didn't know if you ever wanted to hear from me. After everything that happened back then, I thought... I thought it would be better not to disturb you."

Leni looked at him and saw the regret in his eyes. For all these years, she had despised him, telling herself that he didn't love her, that he had simply abandoned her. But now, in this moment, she saw the story of a man who had made mistakes but had always hoped for a second chance.

"Why did you never reach out?" she finally asked. The question burned in her soul, and she wanted to hear the truth at last.

He lowered his gaze and took a deep breath. "Your mother... she didn't want me to have contact with you. She was hurt and angry, and I can't blame her. I made many mistakes, and I didn't know how to make things right. So I stayed away."

The words hit Leni hard. Her whole life, she had seen the story only from the perspective of her own pain and disappointment. But now, she began to realize that things were more complicated than she had thought.

"So much time has passed," she finally said. "But maybe... it's not too late."

Jörg nodded slowly, and in his eyes, a flicker of hope appeared. "Maybe it's never too late."

They went together to a small café around the corner and began to have a conversation that had been postponed for so long. It wasn't an easy conversation, and there were many unspoken things that they both could only reveal bit by bit. But with every word they exchanged, it seemed that a small piece of the gap between them disappeared.

And as they finally left the café, Leni knew she had made a decision. She couldn't change the past, but perhaps, just perhaps, she could shape the future. She slipped the old Christmas card back into her pocket—not as a symbol of lost time, but as a reminder of the value of forgiveness and the possibility of a new beginning.

Die Heilige Nacht in Köln

Es war Heiligabend, und der Wind peitschte durch die Straßen von Köln, als der Schnee in dichten, eisigen Flocken vom Himmel fiel. Eine eisige Kälte legte sich über die Stadt und vertrieb die Menschen von den Straßen in die warme Geborgenheit ihrer Häuser. Doch für einige wenige suchte der Sturm ein anderes Schicksal.

Die kleine Kirche am Rande der Altstadt leuchtete schwach im Dunkel der Nacht. Normalerweise war sie an Heiligabend ruhig und verlassen, ein Ort der stillen Einkehr für die wenigen, die Zuflucht vor dem Trubel der Welt suchten. Heute jedoch fanden sich hier drei ungewöhnliche Menschen ein, angelockt von dem warmen Licht und der Hoffnung auf Schutz vor der klirrenden Kälte.

Zuerst kam Johannes, ein älterer Herr in einem abgetragenen Mantel, dessen Schultern vor Jahren noch für die Theaterbühnen geleuchtet hatten. Johannes war ein Schauspieler gewesen, ein Mann der Poesie und des Dramas, doch nun lebte er allein und zurückgezogen. Heiligabend verbrachte er gewöhnlich allein, doch an diesem Abend trieb ihn der Sturm in die Kirche. Er hoffte auf ein wenig Ruhe und Wärme.

Kurz nach ihm trat eine junge Frau ein, beladen mit einem großen Rucksack, den sie mühsam abschüttelte, als sie die Tür schloss. Ihr Name war Emma, eine Backpackerin aus Australien, die die Welt bereiste und vor kurzem in Deutschland angekommen war. Sie hatte das Reisen stets als aufregendes Abenteuer empfunden, doch dieser plötzliche Wintereinbruch hatte sie überrascht. Die Kirche bot ihr eine sichere Zuflucht.

Der letzte Ankömmling war Karl, ein stämmiger Mann mit einem freundlichen Gesicht und einer Schürze, die noch nach frisch gebackenem Brot duftete. Karl war Bäcker und hatte den Tag damit verbracht, für das Weihnachtsfest Brot und Gebäck zu backen. Der Schneesturm hatte ihn auf dem Weg nach Hause überrascht, und so hatte er ebenfalls die Kirche aufgesucht, um dem Wetter zu entkommen.

Die drei Fremden nickten einander höflich zu und nahmen auf den hölzernen Bänken Platz. Anfangs herrschte eine zurückhaltende Stille, jeder war in seine eigenen Gedanken versunken. Doch nach einer Weile sprach Karl, der Bäcker, zuerst.

„Es ist ein seltsamer Ort für Heiligabend, nicht wahr?" sagte er und lächelte sanft. „Ich hätte eigentlich längst bei meiner Familie sein sollen. Aber so wie es aussieht, feiern wir Weihnachten wohl hier zusammen."

Johannes nickte und betrachtete den Bäcker mit einem nachdenklichen Blick. „Vielleicht ist das gar nicht so schlecht", meinte er leise. „Es gibt viele Arten, Weihnachten zu feiern. Ich selbst habe die letzten Jahre allein verbracht. Ein stilles Weihnachten, nur ich und die Erinnerungen."

Emma sah die beiden Männer an und zuckte mit den Schultern. „Für mich ist das alles ziemlich neu. Weihnachten habe ich schon in so vielen Ländern verbracht, aber nie in einer kleinen Kirche in Deutschland. Es fühlt sich... besonders an."

Und so, eingehüllt in die Wärme des Kerzenlichts und den sanften Duft des Weihrauchs, begannen sie zu sprechen. Jeder erzählte seine Geschichte, und ihre Worte erfüllten die alte Kirche mit einer Lebendigkeit, die sonst selten zu spüren war.

Johannes erzählte von seiner Jugend, den glanzvollen Tagen auf der Bühne und dem Rausch des Applauses, der ihn einst getragen hatte. Doch mit der Zeit war das Theater von der Welt verschwunden, und er war zurückgeblieben, wie ein alter Baum, der die Stürme überlebt hatte. Seine Stimme klang nostalgisch, doch Emma bemerkte ein Lächeln in seinen Augen, als er von den großen Momenten seiner Karriere sprach.

Emma wiederum erzählte von ihrer langen Reise um die Welt, von den Menschen, die sie getroffen hatte, und den Orten, die sie gesehen hatte. Für sie war das Leben ein Abenteuer, und die Welt war voller Geheimnisse, die darauf warteten, entdeckt zu werden. Doch manchmal, gab sie zu, überkam sie eine Einsamkeit, die selbst die schönsten Orte nicht vertreiben konnten.

Karl sprach von seinem Leben als Bäcker, von den frühen Morgenstunden und der Freude, die er darin fand, Brot für die Menschen in seiner Nachbarschaft zu backen. Er erzählte von der Zufriedenheit, die er empfand, wenn die Menschen sein frisches Brot kauften und mit einem Lächeln nach Hause gingen. Für ihn war es eine Form der Verbindung, ein stilles Band zu seiner Gemeinschaft.

Je länger sie redeten, desto vertrauter wurden sie einander. Die Kirche schien wärmer und heller zu werden, als ob ihre Geschichten den Raum erfüllten und die Einsamkeit von den alten Wänden vertrieben.

Als die Glocke Mitternacht schlug, erhob Karl sich und zog ein kleines Päckchen aus seiner Tasche. „Ich habe ein paar Lebkuchen dabei", sagte er und reichte jedem ein Stück. „Es ist nicht viel, aber vielleicht können wir damit ein kleines Weihnachtsfest feiern."

Lächelnd nahmen Johannes und Emma die Lebkuchen und sie aßen gemeinsam, schweigend, doch tief verbunden. Es war ein einfaches Mahl, doch es fühlte sich festlich an, als würde der Geist der Heiligen Nacht über ihnen wachen.

Als der Sturm draußen nachließ und der Morgen dämmerte, wussten die drei, dass sie diesen Heiligabend nie vergessen würden. Sie hatten nichts Außergewöhnliches getan, keine großen Geschenke ausgetauscht und keine festlichen Lieder gesungen, doch sie hatten etwas Wichtigeres gefunden: die Wärme menschlicher Nähe und die Kraft des Erzählens.

Als sie sich schließlich verabschiedeten und hinaus in die schneebedeckte Stadt traten, wussten sie, dass sie sich verändert hatten. Vielleicht würden sie sich nie wiedersehen, doch die Erinnerung an diese Nacht in der kleinen Kirche würde sie für immer begleiten.

The Holy Night in Cologne

It was Christmas Eve, and the wind whipped through the streets of Cologne as snow fell in thick, icy flakes from the sky. A bitter cold blanketed the city, driving people off the streets and into the warm refuge of their homes. Yet for a few, the storm beckoned a different fate.

The small church at the edge of the old town glowed faintly in the dark of the night. Normally quiet and deserted on Christmas Eve, it served as a place of silent reflection for the few who sought shelter from the bustle of the world. But tonight, three unusual people found themselves drawn to the warm light, hoping for protection from the biting cold.

First came Johannes, an older man in a worn coat, whose shoulders had once shone on theater stages years ago. Johannes had been an actor, a man of poetry and drama, but now he lived alone and withdrawn. He usually spent Christmas Eve by himself, but tonight the storm had driven him into the church. He hoped for a bit of peace and warmth.

Shortly after him, a young woman entered, burdened with a large backpack, which she shook off as she closed the door behind her. Her name was Emma, a backpacker from Australia, traveling the world, having recently arrived in Germany. She had always found travel to be an exciting adventure, but this sudden winter storm had taken her by surprise. The church offered her a safe haven.

The last to arrive was Karl, a stocky man with a friendly face and an apron that still smelled of freshly baked bread. Karl was a baker who had spent the day baking bread and pastries for the Christmas holiday. The snowstorm had caught him on his way home, so he, too, sought refuge in the church from the weather.

The three strangers nodded politely to one another and took seats on the wooden pews. At first, there was a quiet stillness, each lost in their own thoughts. But after a while, Karl, the baker, spoke first.

"It's a strange place for Christmas Eve, isn't it?" he said with a gentle smile. "I should have been with my family by now. But as it seems, I guess we're celebrating Christmas together here."

Johannes nodded and regarded the baker thoughtfully. "Maybe it's not so bad," he said quietly. "There are many ways to celebrate Christmas. I've spent the last few years alone. A quiet Christmas, just me and my memories."

Emma looked at the two men and shrugged. "For me, this is all pretty new. I've spent Christmas in so many countries, but never in a little church in Germany. It feels... special."

And so, wrapped in the warmth of candlelight and the gentle scent of incense, they began to speak. Each shared their story, and their words filled the old church with a liveliness that was rarely felt.

Johannes spoke of his youth, the glorious days on stage, and the thrill of applause that had once carried him. But over time, the theater had disappeared from the world, and he had remained, like an old tree that had survived many storms. His voice was nostalgic, but Emma noticed a smile in his eyes as he spoke of the great moments of his career.

Emma, in turn, spoke of her long journey around the world, of the people she had met, and the places she had seen. To her, life was an adventure, and the world was full of mysteries waiting to be discovered. But sometimes, she admitted, she was overtaken by a loneliness that even the most beautiful places couldn't chase away.

Karl spoke of his life as a baker, of the early mornings, and the joy he found in baking bread for the people in his neighborhood. He spoke of the satisfaction he felt when people bought his fresh bread and went home with a smile. For him, it was a form of connection, a quiet bond with his community.

The longer they talked, the more familiar they became with one another. The church seemed warmer and brighter, as if their stories filled the space, driving away the loneliness from the old walls.

When the clock struck midnight, Karl stood up and pulled a small package from his bag. "I have some gingerbread," he said, handing each of them a piece. "It's not much, but maybe we can celebrate a small Christmas feast."

Smiling, Johannes and Emma took the gingerbread, and they ate together, silently, yet deeply connected. It was a simple meal, but it felt festive, as if the spirit of the Holy Night was watching over them.

As the storm outside subsided and the morning light began to break, the three knew that they would never forget this Christmas Eve. They had done nothing extraordinary, exchanged no grand gifts, nor sung festive songs, but they had found something more important: the warmth of human closeness and the power of storytelling.

As they finally said their goodbyes and stepped out into the snow-covered city, they knew they had been changed. They might never see each other again, but the memory of that night in the little church would stay with them forever.